Yf 9808

LETTRE

A M.ʳ GEOFFROY,

OU

EXAMEN IMPARTIAL

DE L'ASSEMBLÉE DE FAMILLE.

Drame en cinq actes de M.ʳ Riboutté,

Par M.ᵗ L. Leconte, habitant des environs de Dijon.

Maudit soit l'auteur dur, dont l'âpre et rude verve,
Son cerveau tenaillant, rima malgré Minerve.
BOILEAU.

A PARIS,

Chez
{ Hénée, impr.-libr., rue et en face l'Eglise St.-Severin, n.° 6;
Delaunay, libraire, au Palais royal, Galerie de Bois;
Martinet, rue du Coq-Saint-Honoré;
Et Galignani et Comp.ᵉ, libraires, rue Vivienne, n.° 17.

M. D. CCC. VIII.

LETTRE

A MONSIEUR GEOFFROY,

OU

EXAMEN impartial de *L'ASSEMBLÉE DE FAMILLE.*

MONSIEUR LE JOURNALISTE,

SOUFFREZ qu'un vieux solitaire interrompe un instant le cours de vos travaux, pour vous soumettre quelques réflexions sur l'Assemblée de Famille, que son Auteur vient de livrer à l'impression. Quoiqu'éloigné, depuis plus de vingt années, de la capitale, ce centre du bon goût et des beaux arts, je n'en ai pas moins conservé l'amour le plus vif pour la littérature, et particulièrement pour l'art dramatique, qui a toujours été ma passion favorite; mais, comme il ne m'est plus possible d'assister aux représentations des pièces nouvelles qui se succèdent avec rapidité, j'ai pris le parti de m'abonner à tous les Journaux, pour connaître au moins, par l'analyse, les productions des auteurs qui viennent tour-à-tour essayer leurs forces sur la scène.

Depuis quelque temps, j'avais la douleur de ne plus recevoir que des extraits mortuaires de pièces dont la chétive existence n'avait pas même pu se prolonger jusqu'à une seconde représentation, lorsqu'enfin votre Feuilleton, du 28 février, m'apprit que l'*Assemblée de Famille*, comédie nouvelle en cinq actes, venait d'obtenir le succès le plus éclatant. L'analyse flatteuse que vous faisiez de cet ouvrage, les éloges sans nombre dont vous accabliez l'auteur, me persuadèrent que le moule des bonnes comédies venait enfin de se retrouver, et que la scène française allait s'enrichir d'un nouveau chef-d'œuvre. Par un charme inconcevable, les autres journalistes que je consultai, furent cette fois entièrement de votre avis : il semblait qu'un même esprit vous eût à tous dicté les mêmes éloges et presque les mêmes expressions. Je m'en réjouis pour l'honneur des lettres ; je pensai qu'un homme assez heureux pour réunir ainsi tous les suffrages en sa faveur, devait être un de ces génies rares que la nature ne produit que de loin en loin ; et déjà, dans mon enthousiasme, je nommais Monsieur *Riboutté*, le Molière de son siècle.

Eh! comment aurais-je pu douter du mérite d'un ouvrage qui, disait-on, fesait les délices de toute une capitale ; dont je lisais chaque jour de nouvelles louanges adressées à l'auteur par des hommes auxquels l'état qu'ils ont embrassé doit au moins faire supposer la connaissance des principes de l'art dramatique? Comment n'aurais-je pas été séduit par le rapport avantageux que vous fesiez à vos abonnés, *de l'Assemblée de Famille*, vous, Mr. *Geoffroy*, dans les jugemens duquel j'ai toujours eu la plus grande confiance, parce que vous connaissant de réputation, je sais que tous vos articles sont dictés par l'impartialité la plus scrupuleuse, et que tous les trésors de l'univers ne vous feraient point avancer une opinion contraire à vos véritables sentimens, et aux principes du bon goût dont vous vous êtes depuis long-temps établi le défenseur et l'arbitre (1).

Cependant, j'attendais avec la plus grande impatience que l'*Assemblée de Famille* fût imprimée, pour juger avec connaissance de cause cette fameuse *comédie*. Le jour où j'en reçus un exemplaire, fut un véritable jour de fête pour moi. Pressé de jouir des beautés de cette pièce admirable, je m'enferme dans mon cabinet avec la brochure tant désirée ; j'ouvre, je lis.... Ah! Monsieur Geoffroy, est-il permis à d'honnêtes gens comme vous et Messieurs vos confrères, d'induire en erreur de bons provinciaux qui jusques ici ont toujours eu la plus haute idée de vos lumières? Comment se fait-il que le détracteur des beaux vers de Voltaire ait pu trouver naturelle et harmonieuse la poésie de M^r. *Riboutté ;* si toutefois on peut donner le nom de poésie à des vers maniérés, souvent durs et bizarres, et presque toujours vides de sens et d'idées!

---

(1) Il y a beaucoup de gens qui prétendent le contraire; mais ce sont probablement de ces calomniateurs qui s'efforcent toujours de noircir le mérite et la vertu.

On l'a plus d'une fois répété ; ce n'est pas le grand succès qu'il obtient à la représentation, qui prouve la bonté d'un ouvrage dramatique. L'ensemble et le talent des acteurs séduisent d'abord le spectateur, et l'empêchent d'apercevoir les défauts qui naissent du plan et de la construction de la pièce; les grâces du débit adoucissent le style le plus dur et le plus inégal, en même temps qu'elles font mieux ressortir les beautés qui peuvent s'y trouver; d'habiles comédiens savent, par une pantomime expressive, donner de la chaleur et du mouvement au dialogue le plus froid et le plus languissant; et tel est enfin le charme de l'illusion théâtrale, que la pièce la plus détestablement écrite, paraît souvent à la scène un modèle d'élégance et de pureté.

La lecture est donc la vraie pierre de touche d'un ouvrage dramatique. Il en est d'une comédie, ou de toute autre pièce de théâtre, comme d'une coquette, qu'on ne peut bien apprécier que le matin, lorsqu'elle est dépouillée de cet éclat trompeur que lui donnaient la toilette et la parure. C'est ainsi, Monsieur, que j'ai jugé l'*Assemblée de Famille,* dans le silence du cabinet, sans aucune prévention, parce que je ne connais l'auteur d'aucune manière, *neque injuriâ, neque beneficiis.*

Cet ouvrage que j'ai eu l'intrépidité de relire plusieurs fois, m'a paru *mauvais*, sous tous les rapports; et je n'ai pu m'empêcher de gémir sur la décadence où doit nécessairement bientôt tomber notre théâtre, puisqu'on admire aujourd'hui, comme un chef-d'œuvre, une pièce qu'on eût à peine autrefois mise au nombre des plus médiocres de ce genre.

L'Assemblée de Famille n'est ni une comédie de caractère, ni une comédie d'intrigue; ce n'est pas non plus une comédie de mœurs, comme son auteur a prétendu la nommer; c'est tout uniment un drame, bien inférieur, non-seulement à ceux de la Chaussée, créateur de ce genre bâtard, mais encore à beaucoup d'autres, faits depuis, par ses imitateurs qui sont restés tous au-dessous de lui. Je ne considère donc l'*Assemblée de Famille* que comme un drame; et c'est sous ce rapport que je veux examiner si elle mérite le brillant succès qu'elle a obtenu, et les éloges que vous lui avez prodigués.

Le but du drame est d'intéresser et d'émouvoir le spectateur, en lui offrant des situations attendrissantes. Il faut que l'intrigue en soit simple et vraisemblable, que tous les événemens en soient bien liés les uns avec les autres; que tous les caractères en soient vrais et bien tracés, le dialogue naturel et animé, et le style à la fois gracieux, pur et correct. Le jeu des passions a toujours été regardé comme l'un des ressorts les plus puissans du drame; mais Monsieur *Riboutté* a cru sans doute qu'il pouvait s'en passer; tous ses personnages sont des espèces d'automates qui viennent tour-à-tour discourir sur la scène; ils n'agissent jamais, parce qu'aucun événement ne les met dans la nécessité d'agir; ils sont presque toujours dans la même situation; et quant à leurs caractères, l'auteur le dit lui-même dans sa notice, il en a tellement ménagé les couleurs, que l'œil le plus habile ne pourrait parvenir à les distinguer, et qu'à bien prendre il n'y en a véritablement pas du tout.

Le fond de l'*Assemblée de Famille* est extrêmement faible : il s'agit d'une jeune orpheline, que des parens avides veulent dépouiller de l'héritage de son père, parce que jusque-là elle a toujours été regardée comme un enfant naturel ; mais qui au dénouement est rétablie dans tous ses droits, et reconnue pour fille légitime. Un pareil plan, qui d'ailleurs n'a rien de neuf, ne prêtait pas à de grands développemens ; mais il était cependant possible d'en tirer un meilleur parti que M. Riboutté. Il fallait faire naître des situations plus attachantes, créer des caractères plus piquans et plus variés, donner à la pièce plus de mouvement et de chaleur, et s'efforcer sur-tout de racheter la médiocrité du sujet par les grâces et l'harmonie du style (1).

―――――――――――――――――――

(1) Mr. Riboutté, dans sa Notice, nous dit que sa pièce est du genre simple, et qu'il a puisé ce goût pour la simplicité, dans les Dissertations de Racine sur l'art dramatique. Bien certainement il n'a pas compris le véritable sens des expressions de l'auteur célèbre dont il veut s'appuyer. La simplicité que Racine admirait chez les anciens, et qu'il a lui-même si bien imitée, n'est pas le

Un des grands défauts de cet ouvrage, c'est qu'Angélique, le principal personnage de la pièce, n'a rien d'intéressant. L'auteur a voulu peindre une Ingénue, et il n'a fait qu'une Agnès ridicule (1); c'est une petite fille sans usage, qui pleure et rit au même instant sans savoir pourquoi, et qui demande naïvement à son cousin Valère si elle est amoureuse de lui, parce que dès qu'elle ne le voit plus,

. . . . elle verse des pleurs,
Et n'a devant les yeux que de sombres couleurs.

---

dénuement d'action et d'intérêt. Il entend par pièce du genre simple, celle où les événemens, quoique rapides et multipliés, sont tous vraisemblables, dont les situations sont toutes puisées dans la nature et bien adaptées au sujet, et dont l'intrigue est *une* depuis l'exposition jusqu'au dénouement. Bajazet, Iphigénie, Mérope, Alzire, sont des sujets simples; et cependant que d'action, que d'intérêt dans ces pièces admirables!

(1) Quand on a la prétention de faire une comédie de mœurs, il faut du moins peindre à peu près celles de son siècle; et le nôtre n'est pas celui des Agnès, puisque M. Riboutté dit lui-même qu'il n'a pas trouvé le modèle de la sienne dans les sociétés. Je voudrais bien savoir où diable il a été le déterrer.

Au reste, il est assez singulier que l'auteur n'ait pas pris la peine de nous instruire des motifs qu'avait eus le père d'Angélique pour ne pas reconnaître sa fille de son vivant. Dans la lettre qui amène le dénouement, Ergaste dit qu'il a caché, pendant quinze ans, la naissance de son Angélique; mais il se trompe, car elle a été publiquement élevée chez lui, comme sa fille naturelle; ainsi ce n'est pas sa naissance qu'il a cachée, c'est son état; et il paraît vraiment bizarre qu'un homme s'amuse à faire élever chez lui, comme son enfant naturel, une fille qu'il a eue légitimement. Si on en demandait la raison à l'auteur, je crois qu'il serait fort embarrassé de la donner (1).

Le rôle de Blainvil, frère d'Ergaste, n'est pas mieux tracé que celui d'Angélique. C'est cepen-

(1) En effet, si des raisons de famille engageaient Ergaste à cacher qu'il était le père d'Angélique, il devait la faire élever loin de lui comme une étrangère; mais puisque rien ne l'empêchait de la garder dans sa maison comme sa fille naturelle, il n'y avait donc pas non plus d'inconvénient à déclarer ce qu'elle était réellement, c'est-à-dire son enfant légitime.

dant le personnage pour lequel l'auteur paraît avoir une prédilection marquée. Il nous dit, dans sa notice, qu'il pouvait lui donner un caractère à son choix : je le crois sans peine ; mais à coup sûr celui qu'il a pris est mal choisi. Blainvil est un être bizarre et romanesque, qui n'a jamais existé que dans la tête de M. Riboutté (1). C'est une espèce de misanthrope, dont il serait très-difficile de définir la façon de penser, car il se contredit lui-même à chaque instant dans sa conduite, comme dans ses discours. Je ne veux rien aimer, dit-il,

Dans nos affections que de sources de pleurs !

Et cependant il a un domestique auquel il est très-attaché, et qu'il appelle son ami (2). Il n'éprouve

---

(1) L'auteur, toujours dans sa notice, qui, pour le dire en passant, n'est qu'un éloge adroit de sa pièce, assure que pour tracer le caractère de Blainvil, il a été obligé d'*analyser les affections de l'âme* : en ce cas je suis porté à croire qu'il n'est pas plus habile dans cette science, que dans l'art de faire des comédies.

(2) Mr. Riboutté n'a point fait attention que le rôle de Fabrice détruisait absolument l'idée qu'il voulait qu'on se formât du caractère de Blainvil. En s'attachant à son

aucune jouissance à la campagne, et cependant *il s'y plaît*; il cultive des arbres, *il n'y tient pas beaucoup*, et cependant *il les aime*; il fait *verser des pleurs* à sa nièce, par la manière brusque dont il la reçoit; et l'instant d'après il lui envoie dire par son domestique, qu'il n'a jamais *fait pleurer personne*. Vous conviendrez, avec moi, Monsieur, qu'un pareil personnage est tout-à-fait incompréhensible, et qu'il suffirait de lui seul pour nuire à l'ensemble d'une comédie, fût-elle d'ailleurs beaucoup moins mauvaise que l'*Assemblée de Famille*.

Que vous dirai-je des autres personnages de la pièce? Ils sont tous insignifians, sans couleur et sans vérité. Valère, ce jeune cousin d'Angélique, que l'auteur eût pu rendre si intéressant, n'est, pour me servir d'une expression vulgaire, qu'un amoureux à la glace, qui n'a de militaire que l'habit.

C'est un sage de vingt ans, qui sait commander

---

domestique, en devenant son ami, Blainvil dément ses principes, et se prépare dès-lors, pour la suite, les peines qu'il avait résolu d'éviter.

à ses passions mieux qu'un homme de soixante; il ne se désespère point en apprenant que celle qu'il aime va bientôt en épouser un autre que lui; mais il ne se réjouit pas non plus lorsque son rival se retire, et lui laisse le champ libre; ce qui décèle une âme également forte dans le malheur comme dans la prospérité; il écoute sans s'émouvoir les propos un peu trop naïfs de sa jolie cousine, qui lui avoue ingénuement qu'elle l'aime beaucoup; et il ne lui répond point lorsqu'elle le prie de lui apprendre ce que c'est que l'amour, parce qu'il sait qu'on ne doit point entretenir de ces sortes de choses une demoiselle bien née; enfin, au dénouement, il reçoit la main d'Angélique sans donner la plus légère marque de satisfaction. Vous avouerez, Monsieur, qu'il n'était guère possible de plus mal saisir le caractère de nos jeunes militaires français : M. Riboutté prétend cependant avoir fait une comédie de mœurs.

Valmont, autre cousin d'Angélique, est un petit-maître insipide et lourd : sa fatuité n'a rien d'aimable, sa galanterie est fade et usée; et les madrigaux, dont il est très-prodigue, ressemblent assez aux pointes que les auteurs de vaudevilles ont l'habitude de placer à la fin de leurs couplets.

Angélique a encore trois autres parens. *Forlis*, auquel Ergaste, avant de mourir, a promis la main de sa fille ; ce personnage est le seul dans le caractère duquel on trouve quelque vérité; c'est un marchand grossier, ignorant et intéressé. *Araminthe*, coquette surannée, ressemblant à toutes celles qu'on a déjà tant de fois mises sur le théâtre : *Rosine*, sœur d'Araminthe; rôle absolument inutile, et qu'on pourrait retrancher de la pièce, sans qu'elle en devînt ni meilleure ni plus mauvaise. Quant à Thérèse, la gouvernante d'Angélique, c'est une soubrette philosophe d'un genre tout-à-fait neuf, qui n'a dans la bouche que des sentences dignes de Sénèque.

La conduite de la pièce est au moins aussi défectueuse que les caractères. Au premier acte, on nous annonce qu'Ergaste, père d'Angélique, est mort dans un grand voyage qu'il avait entrepris sur mer (1). Il laisse sa fille sans fortune et sans

___

(1) Il serait très-important de connaître les motifs de ce voyage. Comment se fait-il qu'Ergaste, qui aimait pas-

état, parce qu'il a oublié d'assurer ses droits par un testament. Un notaire fait cette confidence à Valère, et le charge d'en faire part aux autres parens d'Angélique, qui sont arrivés depuis plusieurs jours, mais auxquels on n'a encore parlé de rien, et qui ne paraissent pas même savoir au juste quel est le but de leur voyage chez la fille de leur oncle. Valère a ensuite un entretien très-froid avec sa cousine, dans lequel elle lui reproche d'avoir oublié les jeux de leur enfance, et où elle ajoute spirituellement que

La *mémoire du cœur* (1) se perd au régiment.

L'acte se termine par force complimens de la

───────────────────────────────

sionnément sa fille, ait pu se résoudre à l'abandonner dans un âge si tendre, pour aller courir les mers ? La raison que Thérèse en donne à Valère, n'est pas suffisante et n'éclaire point assez le spectateur, qui aime toujours à être parfaitement instruit des événemens qui ont précédé l'action qui va se passer sous ses yeux, sur-tout lorsqu'ils sont nécessaires pour l'intelligence du reste de la pièce.

(1) Je n'ai jamais pu comprendre ce que c'était que la mémoire du cœur. Angélique cependant à raison d'accuser Valère de manquer de mémoire : il a été élevé avec elle,

part d'Araminthe et de Valmont à la belle Angélique, et par des projets de promenade et de déjeuner champêtres. Du reste, ni développemens de caractères, ni commencement d'intrigue, rien enfin de ce qui doit se trouver dans une exposition.

Au deuxième acte, qui pourrait tout aussi bien être le premier, Valmont fait des couplets pour Angélique, et Araminthe prie sa sœur de les chanter. Quel rapport ces couplets ont-ils avec l'intrigue? Aucun, pas plus que les projets de mariage entre Araminthe et Valmont, dont il est question dans la scène suivante. Tous ces détails sont froids, ennuyeux, et n'ont pas même le mérite du style. Mais l'auteur voulait à toute force faire une comédie en cinq actes : le sujet qu'il avait choisi en fournissait à peine trois; il a donc été obligé, pour donner plus d'étendue à sa

---

il a dû être témoin de l'amour qu'Ergaste avait pour sa fille; et pourtant, en parlant d'Angélique à Thérèse, il lui demande : *son père l'aimait-il?* Ce qui prouve évidemment que le pauvre jeune homme avait négligé de suivre un cours de mnémonique.

pièce, d'y placer une foule de lieux communs, de sentences et de descriptions inutiles. Cela s'appelle, a dit autrefois un critique célèbre, « *imiter* » ces fabricans peu scrupuleux qui font tirer » leurs étoffes avec violence pour leur donner » plus de longueur aux dépens de la qualité (1). »

Valère apprend enfin aux parens d'Angélique, qu'Ergaste n'a point reconnu sa fille; qu'il n'a point fait de testament, et qu'ils deviennent par conséquent les héritiers de ses grands biens. Cette découverte n'amène que des déclamations insignifiantes de la part de Valmont et d'Araminthé.

Quel réveil! quel bonheur (2) *!*
Nous sommes héritiers,.... N'est-ce point une erreur?
Je crois encor rêver...... C'est peut-être un prestige!

On n'instruit pas même Angélique de cette triste nouvelle; et il est à remarquer que dans le cours de la pièce, elle ne paraît pas du tout connaître sa véritable situation; elle ignore absolument tout ce qui se passe autour d'elle; et lorsqu'au troisième acte on lui dit qu'on va la renvoyer

---

(1) Fréron, Année littéraire, tome 3, 1761.
(2) Quel style! quels vers! quel galimatias.

de la maison de son père, elle demande *pourquoi*, et si *elle a fait quelque mal*. C'est alors, que son cousin Valère se déclare son protecteur : il dit hautement qu'*il fera parler les lois en sa faveur*. Mais si les lois étaient pour Angélique, ses parens n'auraient pas le droit de la chasser de chez elle; c'est au contraire la loi qui les autorise à la renvoyer. Valère avait un moyen plus facile de se montrer généreux envers sa cousine; il n'avait qu'à déclarer qu'il lui cédait la portion qui lui revenait dans l'héritage, comme neveu d'Ergaste.

Le quatrième et le cinquième acte sont tout aussi dénués d'action et d'intérêt, que les trois autres. Blainvil, cet oncle d'Angélique, dont on a parlé dès le commencement de la pièce, est enfin arrivé : on croirait peut-être que ce nouveau personnage va ranimer l'intrigue, amener de nouveaux incidens, de nouvelles scènes, qui dédommageront le spectateur de la froideur des trois premiers actes; point du tout : au lieu de s'occuper des affaires qui lui ont fait quitter sa solitude, il ne songe qu'à faire des réflexions philosophiques sur le bonheur *né de la bienfaisance*, sur les plaisirs de la vie champêtre, etc., etc. Il parle de Molière, de Fénélon, de La Fontaine, et presque point de sa nièce, qu'il ne veut pas aimer, de peur de se préparer des regrets, qu'il aime aussitôt qu'elle a paru devant lui, qu'il chasse cependant pour *échapper au besoin de la presser dans ses bras*, qu'il rappelle l'instant d'après, et qu'il embrasse en pleurant. Rien de plus ridicule que ce prétendu combat entre le cœur de Blainvil, qui le porte naturellement à chérir ses semblables, et sa raison qui lui représente tous les malheurs dont nos affections sont la source inépuisable. L'homme véritablement sensible ne calcule rien ; il ne voit que le bonheur d'aimer et d'être aimé ; et il ne cherche point à empoisonner les plaisirs purs qu'il peut goûter près des objets de sa tendresse, par les craintes chimériques d'un avenir incertain.

Le dénouement qui, dites-vous, Monsieur, produit un si grand effet à la représentation, n'en produit point du tout à la lecture. Outre qu'il se devine aisément, dès qu'on voit paraître Blainvil, il est trop brusque, mal amené ; la lettre d'Ergaste, d'ailleurs, n'est point assez claire; elle ne donne aucun renseignement sur la naissance d'Angélique, de sorte que le spectateur n'est pas plus instruit sur son compte à la fin de la pièce, qu'au commencement.

Il s'en faut de beaucoup, Monsieur, que l'*Assemblée de Famille* soit écrite d'une manière facile et naturelle, comme vous l'avez avancé dans votre Journal. Le style de M. Riboutté est lâche et diffus, souvent dur et inégal; ses constructions sont louches et embarrassées, et quelquefois même blessent les premiers principes de la langue.

Le bonheur vient souvent *lorsque moins on y pense;*

Cette transposition de mots n'est pas heureuse; d'ailleurs, *lorsque moins on y pense*, ne dit pas la même chose que lorsqu'on y pense le moins.

Tout service a son prix; *le mien, c'est le secret* (1). Ce dernier hémistiche est inintelligible; il y a une

---

(1) M. Riboutté aurait dû se souvenir de ces vers de Boileau:

Le vers le plus heureux, la plus noble pensée
Ne peut plaire à l'esprit, quand l'oreille est blessée.

faute impardonnable contre les règles de la Grammaire.

Préparez mon retour.

On ne prépare point le retour de quelqu'un; il fallait, *annoncez.*

Valère dit, en parlant d'Angélique, *elle est sans avenir.* Cela est absurde. Tant que l'homme n'est point parvenu au terme de son existence, l'espace du temps qui lui reste à parcourir, et dont il ne connaît pas la durée, forme ce qu'on appelle l'*avenir ;* on peut l'espérer malheureux, ou prospère; mais on ne peut pas dire, je suis sans avenir, comme on dirait, je suis sans fortune.

Le dialogue de l'*Assemblée de Famille* est dénué de cette vivacité, de cette chaleur qui sont l'âme du drame comme de la comédie ; on n'y aperçoit nulle part cette verve, ce *vis comicâ* que César ne trouvait point dans les ouvrages de Térence, et dont ceux de Plaute et de notre divin Molière sont remplis à chaque page. Il ne suffit pas, pour faire de bons vers, de connaître seulement le nombre de syllabes qui entre dans leur contexture : il n'existe point de véritable poésie sans harmonie; et cette harmonie qui naît du choix et de l'arrangement des mots, ainsi que de la justesse et de l'élégance des expressions, paraît être inconnue à M. Riboutté; il est versificateur, et non pas poëte; aussi la lecture de ses vers est-elle très-pénible, parce qu'on s'aperçoit, à chaque instant, du travail opiniâtre qu'ils ont dû lui coûter, et parce que l'oreille est à tout moment choquée par des redondances et des répétitions désagréables.

De ces *principes purs* garde *la souvenance ;*
Vivre est le *lot des sots*, bien vivre *une science.*
Mon père, *chaque jour*... *son cœur était si bon ,*
Médisait.

Est-ce là de la poésie? Thérèse, en parlant des parens d'Angélique, dit :

Ils sont *bons, généreux, très-empressés, parfaits, enchantés* (1).

Un écolier de rhétorique qui eût fait un pareil vers, se serait fait bafouer par toute la classe.

L'amour n'est dans son cœur qu'une *amitié plus tendre.*

----

(1) Voltaire, en voyant un vers comme celui-là, se serait écrié : Quel est le *Velche* qui a ainsi entassé des adjectifs les uns sur les autres?

Qu'on m'explique, si l'on peut, ce que cela signifie!

Blainvil dit, en parlant de Valère:

Lui seul n'a point trahi *les droits du cœur humain* :
Ces droits chers et sacrés, *charme de l'innocence,*
Repos de l'infortune, et sa seule espérance.

Qu'on me cite dans Pradon des vers plus détestables! Que de mots, pour ne rien exprimer!

Qu'est-ce que *des droits* qui sont en même temps *le charme de l'innocence, le repos et l'espérance de l'infortune!* Je défie, l'auteur lui-même, de m'expliquer clairement ce qu'il a voulu dire.

Je ne finirais pas, Monsieur, s'il fallait citer tous les vers défectueux de l'*Assemblée de Famille;* il n'y en a peut-être pas vingt de véritablement supportables. Vous citerai-je les mots *bienfaisance, loisir, circonstance,* qui y sont répétés jusqu'à satiété? Le mot cœur, par exemple, se trouve presque à chaque vers. *La mémoire du cœur, tout mon cœur palpite, le cœur a fait leur part, l'accent du cœur, dites à votre cœur, rassurez votre cœur,* etc., etc.

Vous parlerai-je du ridicule commentaire dont M. Riboutté *a eu soin* d'embellir chaque vers de sa pièce? Il a si mal exprimé ce qu'il voulait peindre, qu'il s'est cru obligé d'avertir, en prose, le lecteur que tel personnage éprouve tel sentiment. Par exemple, il vous dit : qu'*Angélique est abusée ;* qu'*Araminthe et Valmont éprouvent beaucoup de joie;* qu'*Angélique ne se doute de rien ;* qu'*elle paraît ennuyée ;* que *Fabrice sort avec chaleur;* que *Blainville craint sa faiblesse ; qu'il est empressé, qu'il est accablé, qu'il est enchanté*, etc., etc., etc. Il porte la prévoyance jusqu'à vous avertir de ce qui va se passer dans telle ou telle scène : par exemple, *scène de dissimulation, scène vive, intéressante : cette scène n'est pas la même que celle du quatrième acte. La gradation des sentimens s'est fait sentir* (1), etc., etc. Employer de pareils moyens pour faire comprendre une pièce, c'est avouer ouvertement qu'elle est mauvaise : les vers de Molière ont-ils jamais eu besoin d'explication?

---

(1) Cela ressemble assez aux sommaires que l'on met au commencement de chaque Chant d'un Poëme épique.

Je termine ici, Monsieur, une discussion dans laquelle je ne serais pas entré, pour une pièce aussi mauvaise que l'*Assemblée de Famille*, si son succès usurpé ne m'eût, pour ainsi dire, mis la plume à la main. J'ai été indigné, je l'avoue, de voir tout-à-coup placer au rang de nos meilleurs ouvrages dramatiques, un drame faible et sans couleur, que l'auteur lui-même, s'il poursuit la carrière dans laquelle il est entré, trouvera détestable dans dix ans. La plus belle gloire littéraire est celle que l'on obtient au théâtre; mais il faut qu'elle soit juste et bien méritée: l'homme de goût, dans son cabinet, casse souvent les jugemens du parterre; et l'opinion des hommes de goût finit toujours par prévaloir. La *Phèdre* de Pradon, l'*Amour tyrannique* de Scuderi, obtinrent le plus grand succès; et cependant ces deux ouvrages sont depuis long-temps tombés dans l'oubli. C'est ce qui arrivera, je crois, à l'*Assemblée de Famille*, aussitôt que ceux qui ne la connaissent encore que de réputation se seront donné la peine de la lire.

Je suis, Monsieur, avec tous les sentimens que vous méritez,

Votre très-humble serviteur,
L. LECONTE.